CABEÇAS DA PERIFERIA:
JESSÉ ANDARILHO
A ESCRITA, A CULTURA E O TERRITÓRIO

CABEÇAS DA PERIFERIA:
JESSÉ ANDARILHO
A ESCRITA, A CULTURA E O TERRITÓRIO

Marcus Faustini
(org.)

Comentadores
Julio Ludemir
Rôssi Alves
Isabel Diegues

(obogó

MAPAS MENTAIS QUE LEVAM NOSSAS CABEÇAS ALÉM

Marcus Faustini

Como podemos conhecer uma cidade? Os modos de pensar, sentir e fazer de artistas e ativistas das favelas e periferias do Rio de Janeiro nos conduzem por caminhos que emitem um calor e uma claridade extraordinários. Nos fornecem um mapa mental acolhedor, tenso, ruidoso, envolvente, revelador, que reinventa limites, atravessa fronteiras, abrindo brechas para novos olhares que não escondem desigualdades, mas também engendram formas potentes de viver e criar. Nosso objetivo com a coleção Cabeças da Periferia é oferecer ao leitor uma escuta inédita de personagens emblemáticos daquilo que ficou conhecido como "cultura de periferia". Desde os anos 1990 a cidade do Rio é um dos laboratórios mais intensos desse universo, com várias gerações seguidas aumentando o alcance desta cena que mistura arte e ativismo, construção de redes e ação no território, estratégias de sobrevivência e de empreender coletivamente. É um fenômeno que dialoga com os grandes desafios urbanos, sociais, culturais e artísticos do mundo contemporâneo.

O futuro das cidades, como lugar de bem-estar para todos, depende de termos cada vez mais pessoas que possuam laços profundos com o espaço público. É na interação entre cidade, corpo e palavra que os agentes da cultura de periferia estão, e experimentam o digital e o virtual como extensão de suas potências. Passear pela cabeça desses artistas e ativistas pode ser uma bússola generosa para apreender sensivelmente o aqui e agora. Nossa coleção também é um gesto político de respeito ao pensamento desses criadores. Raramente a cultura de periferia é escutada como formuladora de ideias e conceitos. Muitas vezes o interesse, baseado numa ideia enviesada de inclusão, é apenas pela sua história de vida, de superação — deixando invisível a diversidade dos modos de pensar, criar e agir desses agentes. A convite da Cobogó, imaginei junto, curei e organizei a coleção. São entrevistas respeitosas, e também críticas, leves, mas intensas. Em cada livro conversamos com artistas e ativistas de periferia sobre suas visões de arte e de cidade. As respostas têm humor, sinceridade, teoria, esperteza e a fina delicadeza de flagrar um novo pensamento sobre si e seus fazimentos. A cada livro, convidamos também pesquisadores vinculados ao universo dos entrevistados para alargar a discussão e ampliar entendimentos. Realizamos essa jornada de forma on-line durante a pandemia do coronavírus. Este é, também, um registro de como, neste período, as mais diversas plataformas foram usadas para manter a chama do encontro e da imaginação acesas. É com muita alegria que ofertamos esses mapas mentais que nos levam além.

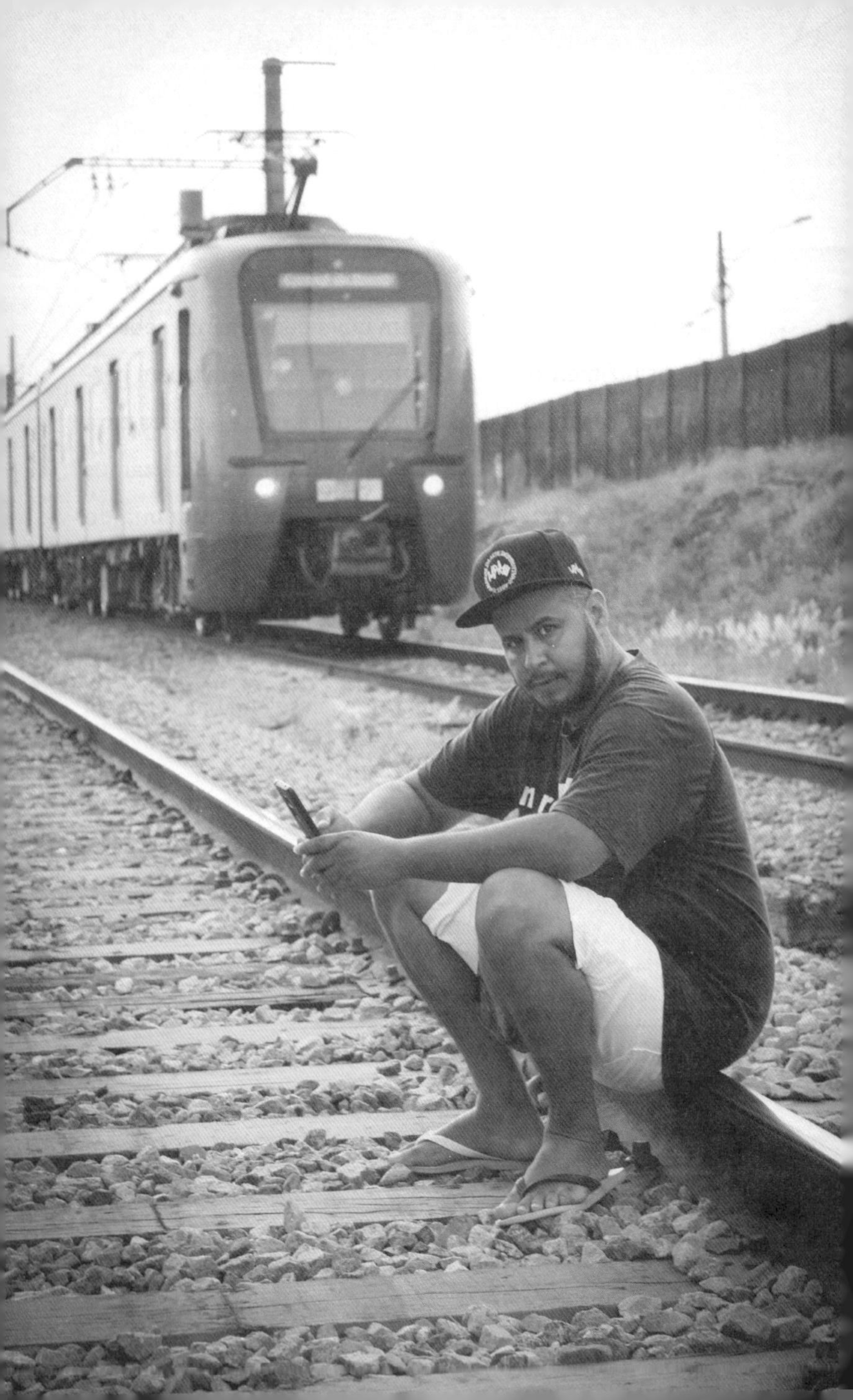

JESSÉ ANDARILHO

Em junho de 2020, encontramos para uma entrevista o escritor e ativista Jessé Andarilho, nascido no bairro do Lins e criado em Antares, Santa Cruz, Zona Oeste do Rio de Janeiro. Autor dos livros *Fiel* e *Efetivo variável*, entre outros, conversamos a respeito de sua escrita, seu ativismo e suas estratégias. Conduzidos pelo escritor Marcus Faustini, organizador desta coleção, e com os comentadores convidados Julio Ludemir, fundador da Flup, e Rôssi Alves, acadêmica e pesquisadora de manifestações artísticas urbanas, nos juntamos em uma videoconferência — já que estávamos em quarentena por conta da pandemia de covid-19 — para falar sobre a força da narrativa e a transformação através da palavra, sobre bibliotecas e ativismo de periferia, sobre como Andarilho articula e mobiliza seus leitores e o que projeta como resultado dessa mobilização. As editoras Isabel Diegues e Aïcha Barat participaram desse encontro em que Jessé ganhou a todos com sua conversa e suas histórias.

Sobre narrar a si mesmo

MARCUS FAUSTINI: Desde que surgiu essa ideia de cultura e periferia, é muito marcante que ativistas ou comunicadores populares de periferia se narrem. Se narrar é importante pra essas pessoas. Como você se narra? Quem é Jessé Andarilho e quais foram os momentos importantes da sua trajetória artística que te trouxeram até aqui, até o segundo livro e à tua escrita de hoje? Como foi sendo construído o Jessé Andarilho autor?

JESSÉ ANDARILHO: Então, Marcus Faustini, o Jessé Andarilho é o empreendedor social que encontrou na cultura, na arte, na literatura, uma forma de se manifestar e de sobreviver. Quando eu entrei no universo cultural, mergulhei de cabeça, porque eu tenho comigo o pensamento de que se eu quiser viver de alguma coisa, vou ter que viver *pra* essa coisa. Quando comecei a escrever, e vi que eu poderia mesmo escrever, percebi que só escrever não bastava pra pessoas como eu, que moram na Zona Oeste do Rio de Janeiro, em favela, distante de tudo, de todos, nesse cenário cultural. Como é que eu vou dizer... elitizado, globalizado. E aí eu tive que me jogar de cabeça.

Cada publicação que eu conseguia lançar, pra mim era muito maneiro. Primeiro entrei pra Flup,[1] entrei pra CUFA,[2] pro Observatório das Favelas.[3] Fiz algumas coisas com o Junior Perim,[4] fiz coisas com você mesmo, né?, Marcus Faustini. Eu sabia que se me conectasse com vocês, com pessoas que já faziam, que eram inspirações, ia ser muito bom pra mim, e eu ia aprender mais e poder contribuir de alguma maneira. Quando saiu meu primeiro conto, publicado no livro da Flup,[5] pô, foi maravilhoso. As pessoas pensam que pra você ser escritor já tem que ter algo publicado, como se fosse um diploma, como se fosse uma carta de alforria, como eu costumo dizer. Então, quando em 2012 — que foi o ano que eu comecei a escrever — saiu um conto meu publicado num livro da Flup, as pessoas começaram a me olhar com outros olhos. As pessoas querem ver coisas materializadas, né?, coisas palpáveis. Cada lançamento dos livros que eu participei, de antologias, foi muito importante pra minha trajetória, pro meu caminho.

Quando chegou o primeiro livro que eu publiquei sozinho, foi uma coisa muito foda, porque tinha pessoas de vários lugares da minha vida. Fiquei muito feliz. Eu sou andarilho, já passei por vários lugares, e tinha um pouquinho de cada pessoa desses lugares que eu passei na minha trajetória. A partir do lançamento do *Fiel* (Objetiva, 2014), as coisas começaram a caminhar. Antes era o Jessé Andarilho sonhador, que escrevia, participava de movimentos. Depois desse dia, as pessoas começaram a dizer, "Não, agora, sim, você é um escritor. Agora, sim, você é um autor". As pessoas desconsideravam tudo que eu já tinha feito até chegar ali, e diziam que a partir daquele momento é que eu tinha virado um escritor, um artista. As coisas começaram a tomar uma outra proporção. Consegui publicar numa editora grande, surgiram convites pra festas literárias tipo a Flip.[6] Enfim, participei de vários eventos pelo Brasil, e a coisa começou a melhorar. Mas sou o mesmo Jessé de sempre. Quer dizer, mais ou menos, engordei um pouquinho.

MF: Ainda sobre "se narrar", você disse que era um empreendedor social, mas as pessoas passaram a te ver como escritor mais que como empreendedor, ativista. Você acha que o *Fiel* é um divisor na sua vida? Como é essa divisão? Divisor de quê?

JA: É como uma pessoa que faz uma faculdade e depois tem um diploma. Ela pode dizer que é aquilo mesmo porque tem o diploma, uma chancela. "Ó, agora sim, você é porque você tá numa editora."

Várias pessoas falam que eu sou um cara inenarrável. [Risos] Mas, brincadeiras à parte, é difícil eu falar sobre mim mesmo. Sou um cara que corre atrás, sempre penso no próximo passo. Acredito que o Jessé Andarilho é a pessoa que pensa lá na frente, que valoriza cada passo. Pra escrever um livro, eu não penso no livro todo, penso na próxima palavra. Sou uma pessoa que vive em busca da próxima palavra. Porque uma história se constrói de palavra em palavra, assim como uma trajetória se constrói de passos em passos. Tô sempre pensando e executando, só pensar não ajuda muito, né? Costumo dizer que as ideias boas são as ideias executáveis. E sou um cara que venho executando as minhas ideias, enfim. E vamo que vamo.

Deslocamentos e territórios

MF: Uma ideia de cada vez, uma palavra de cada vez. Tanto no *Fiel* quanto no *Efetivo variável* seu personagem tem um deslocamento pela cidade. O *Fiel* tem deslocamentos desde encontrar pichadores em Coelho Neto até o próprio rolê do tráfico que vai entrando no livro. Mas você tem Antares, que é um conjunto habitacional de Santa Cruz, né? Antares é um fundamento da ideia de conjuntos habitacionais, e fico muito impressionado — e eu sou teu fã — com tua capacidade de descrever a vida dentro de um conjunto habitacional. Gosto de brincar que você escreve o Antares em todos os bairros do Rio de Janeiro.

Você tá sempre escrevendo sobre Antares, mesmo quando os personagens tão vivendo em outro lugar.

Você acabou de fazer uma biblioteca no Antares, você faz sarau, fez o Sarau Marginow em Antares,[7] em Madureira, e por aí afora. Você sempre reivindica o lugar de onde você é, a Zona Oeste. Como leitor da tua obra e como alguém que pensa como o território é importante pros artistas de periferia, queria que você refletisse sobre Antares e o território na tua obra, na boca dos teus personagens. A maneira deles de narrar do que acontecia ali, as memórias. O território parece que motiva todos eles. Qual a importância do território pra sua escrita e pra você como ativista?

JA: Ô, Marcus Faustini, acredito na transformação através da palavra e valorizo muito a arte, valorizo a cultura e acredito, sim, que é possível chegar lá. Sem essa de meritocracia, a gente tem que ralar muito, a gente sabe que a gente tá partindo atrasado em relação a todo mundo, longe do início da largada. A gente começa muito pra trás.

Por exemplo, pra chegar no Centro do Rio, eu levo mais ou menos duas horas. Hoje em dia, quando se fala em cultura do Rio, meu nome aparece às vezes em algumas coisas grandes e... pensa, sou um cara que mora em Antares, que fica a duas, três horas do Centro, da Zona Sul, de transporte público. Aí, quanto mais eu falo que sou de Antares, que vim da Zona Oeste, desse cenário, mais as pessoas que eu valorizo muito na Zona Oeste do Rio de Janeiro, ou de vários lugares do Brasil que tão longe do Centro, que tão nas vans, que tão sendo penalizados pela distância, que tão afastados, param e pensam: "Caraca, esse maluco veio lá do Antares, a duas horas do Centro; então é possível." Eu gosto de mostrar que é possível. Quanto mais eu falo de Antares, Santa Cruz, Paciência, Campo Grande, mais as pessoas conseguem estar ali naquela história. "Caramba, um livro da Companhia das Letras que tá falando de Antares, tá falando de Campo Grande, tá falando de Paciência." Eu quero que isso desperte um sentimento diferente nas pessoas, porque a gente conhece o Rio de Janeiro de Copacabana, do Leblon, da Zona Sul, do

Centro. E o Rio não é só isso. São Gonçalo tem uma galera muito, muito braba de batalha de rima, é a mais famosa do Brasil. Acho muito maneiro falar de São Gonçalo e as pessoas falarem: "Caraca, isso acontece em São Gonçalo, que fica a horas do Centro."

Acho importante a gente enfatizar que o Rio de Janeiro não é só o Centro-Zona Sul, tá ligado? Eu tento colocar isso nas minhas histórias. No *Fiel*, a história se desenrola em Antares e, a partir de Antares, mostra como é o Rio de Janeiro. O personagem de *Fiel* dormia nos ônibus. E ele vai pra Coelho Neto, pra Lapa, Madureira, mas sempre partindo de Antares. "Caramba, são duas horas pra chegar até lá?" Eu quero mostrar que se o autor que mora em Antares pode ser conhecido hoje no Brasil, e teve essa dificuldade toda, pô, prum cara que mora em Cajazeira do Norte, em Cajazeiras XI, lá na Bahia, mora em Ubatã, também é possível.

Eu penso nisso porque, quando eu tô escrevendo, não escrevo por escrever. As minhas histórias são intencionais. Gosto de mostrar as dificuldades, tanto dos meus personagens quanto do autor. O *Fiel* acontece em Antares, o *Efetivo variável* acontece em Santa Cruz, mas o morador é de Antares. O próximo livro que eu tô escrevendo agora, que vai sair pela Companhia das Letras, que é *O esquema* [livro no prelo], o morador é de Paciência. *A batalha*, que eu tô escrevendo, sobre batalha de rima, o personagem é de Campo Grande. Eu quero que daqui a 300 anos a pessoa que for investigar o Rio de Janeiro diga: "Pô, antigamente tinha um autor que escrevia sobre a Zona Oeste do Rio de Janeiro, cada livro dele fala sobre um bairro e tal." Eu penso lá na frente, Faustini, penso daqui a 300 anos. Tudo que eu faço, qualquer palavra que eu escrevo, tanto no Facebook quanto no Twitter ou no Instagram, tem um interesse. Não escrevo por escrever. Tem uma mensagem, e aquela questão da representatividade. Não só pela cor, pela origem, mas pelo bairro também. A gente fala que tem que ganhar o mundo, né? Mas a gente tem que fincar raiz. Tem que ter a raiz, mas também tem que voar. A minha forma de plantar minha raiz e voar é essa. É falar: "Ó, vim de Antares." E as pessoas costumam dizer pra mim: "Caraca, Jessé, você saiu de Antares pro mundo." E eu costumo dizer de volta: "Cara, Antares faz parte do mundo." Por que eu vou valorizar mais Paris do que Antares, do que Paciência, do que o Cesarão? Por que eu vou contar história de Copacabana e Ipanema, se eu posso contar de Antares? Eu escrevo com a intenção de mostrar que o lugar onde você mora tem a mesma importância que os outros, também faz parte do planeta. É isso.

MF: Entendi que é importante pra você falar do território, né? Uma mensagem do artista, escritor, seus pensamentos, sua visão, posicionamento, geografia do Rio, 300 anos. Muito interessante. Mas queria saber se escrever sobre o território é uma habilidade sua? Falar do território te subsidia como autor na hora que você tá escrevendo?

JA: É. Primeiro porque eu escrevo sobre o que eu sei, e eu sei o que acontece nesse território. Acredito na literatura como modo de mostrar novos modelos pras pessoas.

Quero mostrar o mundo que eu conheço e o mundo que eu conheço é este mundo aqui. Por isso que eu faço questão de falar daqui, tem uma riqueza de detalhes, sabe?, ajuda na hora de criar a história, de contar história.

MF: É um prazer escrever sobre Antares? Tem prazer nessa escrita?

JA: Tem prazer, sim, é o prazer e a propriedade no tema, no assunto. Vivi ali um grande período da minha vida, faço minhas ações lá até hoje, então, sei falar sobre esse universo, sobre esse mundo das favelas, sobretudo partindo de Antares, que é o lugar de que tenho mais conhecimento.

Origens e processo criativo

MF: Bacana. Você, em algumas entrevistas, deixa bem claro que foi repetente na escola e só conseguiu chegar até a sétima série. Você coloca isso com a dimensão de uma superação pra escrever. E você escreveu o primeiro livro no celular, no trem. Taí? Cê anda com ele? É um amuleto ou tu ainda usa ele?

JA: Eu uso ainda. [Jessé mostra um celular com teclado, tipo Blackberry]

MF: Boa, é isso aí.

JULIO LUDEMIR: Não, mas ele tá produzido, ele tem Mac.

MF: Claro, mas essa é a narrativa, né?

JA: Como é que cê vai escrever no Iphone dentro do trem!?

MF: Você fala dessa dificuldade de letramento que você passou, você assume isso e você escreveu no celular. Gosto muito dos seus personagens, eles são diretos, sem filtro, eles falam. Teu narrador também é sem filtro, ele fala, descreve as situações, sem barroquismo. Você é direto no que o personagem quer, uma coisa atrás da outra, por isso parece tão cinematográfico. Não é romântico, não tem um rococó pra cabeça do personagem. E você acabou de dizer que só pensa na palavra seguinte.

Essa é uma pergunta delicada que eu quero fazer. Você acha que a sua baixa escolaridade te ajudou a criar um estilo literário de frases curtas? Se você tivesse mais formação, acha que sua escrita seria diferente? De alguma maneira, essa baixa escolaridade te ajudou a criar um outro tipo de narrador, mais direto, os personagens também mais diretos, sem filtro? Ou tô viajando?

JA: Vou te explicar, Marcus Faustini, vou ser bem direto. Como eu falei, repeti a sétima série cinco vezes e consegui chegar à oitava. Fui pro ensino médio e repeti o primeiro ano duas vezes, e só depois consegui terminar o ensino Médio. Quando se pensa na história do Jessé Andarilho — o cara que repetiu a sétima série cinco vezes —, a grande maioria das pessoas não sabe que quando eu repeti a sétima série eu já trabalhava. Comecei a trabalhar com 12 anos. O que você imaginar de trabalho eu já fiz. Meu primeiro emprego foi num ferro-velho, pesando as paradas e pagando à galera. Eu era funcionário. Trabalhei entregando quentinha, como ajudante de obra, enfim, vários empregos diferentes e estudando ao mesmo tempo. Então, com 14 anos, estudando, trabalhando, os pais se separando, tudo isso teve muita influência na minha vida. Porque até a sexta série eu era um ótimo aluno, só que as coisas se desencaminharam. E foi isso que inspirou o *Fiel*, a questão de os pais se separarem, peguei da minha vida e joguei pro livro.

Quando eu terminei o ensino médio eu não gostava de livros. Sempre falo isso. Eu tinha um lava-jato na favela, e num dia qualquer peguei um livro, *No coração do comando*,[8] que uma amiga minha me emprestou e era do cara que tá até aqui, o Julio Ludemir. Quando eu comecei a ler esse livro, Marcus Faustini, diferente de todos os livros que eu tentei ler antes desse, o livro comunicou comigo diretamente. A primeira parte do livro já começava com duas mulheres brigando na cadeia, mandando "tomá no cu", "se fudê", eu nunca tinha visto um palavrão num livro, aquilo chamou minha atenção. De uma forma mágica, aquele livro começou a dialogar comigo. Eu li o livro todo de uma vez só. E vi a importância de ter um palavrão naquele livro, vi a importância de uma gíria num livro, daquele tipo de narrativa, daquela linguagem.

A partir desse livro, comecei a comprar vários livros que falavam de favela, mas poucos desses livros que eu comprava, que falavam de favela, eram de autores que moravam em favela. E isso criava uma barreira entre o Jessé Andarilho e o fato de poder escrever. Até que um dia, eu fui num evento da revista *Trip*,[9] em São Paulo e ganhei um livro chamado *Zona de guerra*,[10] do Marcos Lopes. Um cara que morava no Capão Redondo e escreveu sobre a infância dele no Capão. Eu falei: "Puta que pariu, as histórias que tão nesse livro aqui, mano, eu sei fazer, tenho muito mais história louca do que essas. E vou escrever." Minha ideia era começar a escrever um livro sobre um jovem de Antares que os pais tinham se separado e ele dormia dentro do ônibus. O livro ia falar sobre isso. Um dia eu pensei: "Pô, quem é que vai querer ler a história de um cara que mora em Antares, que ninguém conhece no cenário cultural?" Quem é que um dia vai entrar numa livraria e vai comprar o livro de um cara desses?

Foi aí que eu comecei a entender que era preciso *hackear* essa parada. Porque eu tinha que ser conhecido. Comecei a frequentar lançamento de livros de autores que eu nunca tinha ouvido falar, comecei a participar de várias paradas, aí um cara falou: "Pô, tem uma parada chamada Flup." Fui lá e me inscrevi na Flup, descobri que o cara da Flup era o Julio Ludemir, o mesmo cara que tinha escrito *No coração do comando*. Na época eu era contra tudo que falava de UPP, e a Flup falava de UPP, então não queria entrar, só entrei porque eu vi que tinha o Julio Ludemir, que era o cara do primeiro livro que eu tinha lido. Enfim, vocês já conhecem as histórias.

Enquanto escrevia o *Fiel*, eu pensava: "O Jessé de pouco tempo atrás não gostava de livros, porque os livros eram de um jeito que não interessava a ele. Se eu quero escrever livro e quero que as pessoas leiam, vou escrever da maneira que me atraiu." Comecei a pensar em botar um monte de palavrão e ser direto. Como eu conheço muitas histórias, o que eu pensei, Marcus Faustini? Vou escrever como se tivesse contando uma história pra alguém por WhatsApp. Eu não tenho que enrolar muito pra escrever aquilo ali, tenho que ser direto senão a pessoa vai dispersar, tá ligado? Enquanto eu escrevia no trem — no celular —, comigo, dentro de mim, eu pensava: "Se eu conseguir escrever nesse barulho, as pessoas vão conseguir ler no silêncio." [Julio Ludemir cai na gargalhada]

MF: Ele tá aprimorando...

JA: Não, sério mesmo. Hoje em dia não pego mais tanto trem, pego uma série da Netflix que eu teja acompanhando, ligo a série e começo a escrever. Se eu fizer isso aqui [levanta o rosto e estica o pescoço como se procurasse algo curioso] pra olhar pra televisão, pra olhar pra série, é porque meu texto não tá maneiro, não tá tão atrativo quanto a série. Então eu paro de escrever e vou assistir à série. Tenho essa parada comigo: se eu consigo escrever em qualquer ambiente, se eu consigo escrever em bar, em aeroporto, em lugares que têm tudo pra me dispersar, e eu tô focado, é sinal de que o texto tá bom, que a história tá boa. É por isso que o meu texto é direto.

Não é porque eu não fiz faculdade, porque eu não sou letrado. É o estilo mesmo. Sempre falo isso — e o pessoal da editora fica meio puto comigo —, falo que eu escrevo pra quem não gosta de ler. Quando eu tô escrevendo, foco em quem não gosta de ler.

MF: Tá, hoje eu entendi uma coisa que eu não tinha entendido até este momento. Tem um projeto, então, tanto na tua voz pública quanto nas tuas declarações. Ou como escolher atingir um certo tipo de leitor.

JA: Se quem não gosta de ler pega meus livros e lê e gosta, imagina quem gosta de ler, entendeu? Então essa é a estratégia e tem dado certo. Porque a minha ideia é realmente transformar através da leitura. Se você parar pra analisar todas as minhas ações, os saraus, as batalhas de rima, o slam, a abertura das bibliotecas, o polo cinematográfico em Antares que a gente tá montando, tudo isso é pra incentivar a galera a ler. Quando gravam um filme numa favela, a galera diz: "Caralho, que filme maneiro." Eu falo: "Então, esse filme aí foi inspirado num conto que saiu neste livro aqui." [Mostra o livro *Conta forte, conta alto*[11]] "Ah, deixa eu ver!" Aí a pessoa vai ler. Antes de virar filme alguém escreveu a história. O meu foco é incentivar a leitura, porque como eu tive a minha vida transformada através da leitura — e eu quero ser um transformador de vidas —, todas as minhas ações são baseadas em incentivar a leitura.

MF: É um projeto consciente.

JA: Correto.

Linhagem e formação

MF: Obrigado, Jessé. Julio, vou fazer minha pergunta pra você, que tá no centro da criação dessa ideia de literatura de periferia, e na sequência faz a tua pergunta pro Jessé. Se existe um escritor de literatura de periferia — e muita gente reivindica esse lugar considerando que existe, que é um campo cultural —, o que é o escritor de periferia e onde o Jessé tá dentro disso tudo?

JL: Se a gente for dialogar com literatura de periferia no Brasil, existem alguns marcos muito precisos. Existe um primeiro e definitivo marco que é o Paulo Lins, com o *Cidade de Deus*,[12] que vai ele próprio produzir uma série de herdeiros. Por exemplo, uma pessoa que o Jessé provavelmente conheceu no mesmo momento que eu, que é o Ferréz, vai dizer alguma coisa muito parecida com o que o Jessé acabou de dizer agora. Quando ele leu *Cidade de Deus*, ele disse: "Eu também posso escrever isso." Isto é: "É alguma coisa que faz parte do meu mundo, e mais do que fazer parte do meu mundo, isso me instiga a escrever."

Existe uma outra narrativa. Aqui, a gente tá falando de uma situação muito particular, lembrando que *você*, Faustini, é um cara de Santa Cruz, que *você* é um cara que narra periferia. Você é um desses marcos na trajetória de uma literatura periférica, mas nesse caso a gente tá falando do macho heterossexual que, de alguma forma, andou perdendo espaço de narrativa. Hoje em dia, as narrativas que se tornaram mais atraentes, mais interessantes, são quando a gente pensa numa mulher narrando a periferia, principalmente uma mulher negra narrando a periferia. Se você pensar no slam, por exemplo, ele se tornou um espaço da mulher negra e, nesse momento, da mulher negra homossexual. De alguma maneira, personagens como você, Faustini, e como o Jessé, foram meio atropelados pelo trem da história. Tem um narrar que inclusive só é permitido quando vai pra violência. Parece que um personagem como o Jessé vai ter que fazer algo como o que o Ferréz fez, ou como o Paulo Lins fez com o *Cidade de Deus*. O Jessé termina sendo um herdeiro, talvez ele ocupe de uma maneira diferente o mesmo espaço que você ocupou quando você fez o *Guia afetivo da periferia*.[13]

O *Guia afetivo* é um permanente diálogo com esta figura que não tem o direito de narrar o mundo. E você foi encontrando uma poesia, encontrando uma relevância naquilo que era o "sem futuro" e algumas dessas coisas maravilhosas que você, fundamentalmente, tirou da esquina do Cesarão — onde a sua mãe não queria que você ficasse — e levou pro *Guia afetivo da periferia*. Você, como o Jessé, é uma pessoa que circula pela cidade. O *Guia afetivo da periferia* é o livro de personagens que tão sempre circulando pela Av. Brasil e menos pela Central do Brasil.

MF: Mas o escritor aqui é o Jessé.

JL: Eu tô colocando o Jessé dentro de uma linhagem na qual ele fez uma opção. E ele acabou de falar um pouco agora sobre ela. Essa é a vez que eu tô vendo o Jessé mais acabrunhado. Dar uma palestra ao lado dele é um horror, ele vai te engolir. Não lembro exatamente a escola que a gente levou você, Jessé, e com quem você tava. Foi em Itaboraí e você tava com alguém muito importante. O Jessé na primeira frase botou todo mundo no bolso. Ele é o maior especialista em falas que tocam o coração de um jovem estudante de escola pública com esse perfil: o cara que tá trabalhando, que tá entregando quentinha, que se vira de camelô. Na hora que ele diz "Sou especialista em sétima série, já repeti cinco vezes", já botou todo mundo no bolso. Ele trabalhou num projeto para a Vale do Rio Doce que permitiu que ele percorresse escolas públicas do Brasil inteiro. E ele repetia essa performance, se colocando num outro campo em que ele também é maravilhoso, meio apresentador, meio mestre de cerimônias, um sujeito que tem presença e cativa o público de cara. Mais do que saber falar bem desse jovem, macho heterossexual da periferia, não educado, não letrado, ele fala ali, é na hora, tum! Em cada escola que ele vai, consegue falar não apenas com propriedade, gerando empatia imediata, mas com humor. Ele é um humorista extraordinário. E aí pegando de novo a ideia desse empreendedor, que é um faz-tudo, se você botar uma câmera na mão do Jessé, daqui a pouco ele vai tá fazendo um filme [risos], você não sabe como, mas ele produz aquele filme, ele realiza. Ele vê um slam, ele transforma aquilo num sarau de slam. Se dentro do sarau ele percebe que o que tem de mais poderoso é a batalha de rima, ele passa a ser um grande cara no cenário da batalha de rima. No fundo ele é um virador, não é um especialista em nada e consegue fazer tudo. Agora, ele tem características próprias. E nesse sentido, apesar de vocês, Faustini e Jessé, traçarem caminhos diferentes, de alguma forma o Jessé incorporou mais a escrita do que o Faustini. Mas vocês fazem narrativas semelhantes, inclusive na questão da circulação pela cidade.

MF: Ô, Julio, qual foi a importância da publicação do *Fiel*, um livro de gênero, pra literatura de periferias que a Flup trabalha como uma das grandes lideranças desse debate no Brasil? A gente já ouviu o Jessé falando da importância pra ele, mas qual foi a importância da publicação do *Fiel*, lançado numa grande editora, pra esse campo da literatura de periferia?

JL: Cara, a capacidade do Jessé de narrar é uma coisa tão extraordinária que o editor dele, que eu acho que era o Bob Feith — um cara com uma bagagem de milhares de sucessos como editor —, quando leu o livro, ficou com medo de recusar porque o Feith tinha recusado o *Harry Potter*.[14] Se o Jessé vivesse em qualquer outro lugar do mundo, a popularidade dele seria muito maior. A narrativa dele faz com que um cara como o Feith pensasse: "Bicho, será que eu tô com um *Harry Potter* na mão? Eu não posso dizer não pra essa coisa." O Jessé vai alimentar uma cadeia de sonhos que pra dentro da Flup é uma coisa absolutamente fundamental. E essa coisa fundamental alimentada por ele acaba que alimenta ele de volta.

Não existiria Geovani Martins se não existisse Jessé Andarilho. O Geovani Martins, que também é da Zona Oeste e tem características semelhantes às do Jessé, que fala desse homem heterossexual que gosta dos amigos, e por mais que tivesse aquela bagagem, e que fosse também um cara "correria", o que acontece com o livro do Jessé é que o sucesso dele alimenta uma cadeia, cria a possibilidade da realização de sonhos. A maneira com que ele lidava com a divulgação do livro era uma maneira que eu detestava. Nunca me senti tão classe média quanto quando eu via ele divulgando o *Fiel*. Cara, ele era um camelô e era um camelô que tinha que vender, e não parava de insistir, e cada coisa ele repercutia. Se você escrever uma vírgula sobre o Jessé em qualquer lugar do mundo, por mais irrelevante que seja, ele consegue transformar aquela vírgula na coisa mais extraordinária e mais importante do planeta. Ele doura aquele sonho. Ele é aquele camelô, a tal ponto que outros não compram apenas o produto dele, vão comprar o sonho dele, e ele vai alimentar uma cadeia que tem sido cada vez mais potente. Mesmo que seja com essa voz de maloqueiro [risos], que é uma voz diferente de tantas outras vozes. E disso ele não abre mão.

O Jessé alimenta uma cadeia, e posteriormente é alimentado por ela. Ele agora lê pessoas que o leram antes. Existem outros iguais a ele, existe, além do Geovani Martins, o Allan da Rosa, tem uma turma ali. É como eu vejo essa cena.

MF: Tem um Clube da Esquina rolando.

JL: Isso. Jessé, qual o impacto pra você dessas pessoas que vieram depois? O quanto você vê a si mesmo nessas pessoas e o quanto isso vai te reinventar como autor?

JA: Então, Julio, acredito que sozinho tu chega rápido, mas com uma galera tu chega longe. Pra mim é muito maneiro quando tem muita gente chegando. Quando você falou que é o momento da mulher preta, da favela, botar a cara e falar, penso que eu tive a grande sorte de ter criado o lance da Marginow, que a galera grava até hoje, que é as pessoas recitando poesia marginal em vídeo de um minuto. Cara, tem mais de oitenta vídeos, metade mulher, metade homem, se tiver três brancos recitando poesia — você e mais dois, né?, Julio — é muita coisa. Não considero que eu dei voz pra essa galera, mas pra muita gente eu consegui dar ouvidos, sabe? Então qualquer movimento de poesia, de sarau, de slam no Brasil que eu vou — e eu costumo ir, vou muito —, a galera sempre conhece o meu trabalho, tem um certo respeito. As pessoas admiram a correria. Muita gente não sabe por que eu não sou de ficar falando as paradas que rolam nos bastidores, mas o que eu mando de indicação de galera pra editora, o que eu faço de ponte, de correria, e a galera nem fica sabendo. Eu faço muito isso, e faço porque eu quero. Não quero ser o centro das atenções. Quero tá ali junto. Quero ser mais um, não quero ser o Neymar. A seleção brasileira, ela não é feita só de Neymar, nem todo mundo é o atacante que vai fazer gol. Quem me ensinou isso foi inclusive o Écio Salles, que me falou assim: "Às vezes todo mundo quer ser atacante. Mas, por exemplo, o Willian Arão também é titular." Cara, eu acho o Willian Arão muito ruim de bola, se for comparar com o Neymar, com o Gabigol, mas o cara é titular, fazendo ali o meio de campo. Então, eu sou o meio de campo que tô ali, tô no time da seleção principal, mas não sou *o cara*, a pessoa de destaque, nem quero ser. Eu quero é tá aqui. Quero poder dialogar com a galera da favela. Uma coisa que eu tenho, e quem me conhece sabe, é que eu não mudei muito. Eu continuo frequentando os mesmos lugares, não deslumbrei e comecei a frequentar rodinha de escritores, de galera elitizada, não que isso seja errado. Mas quando a galera me vê aqui em Santa Cruz e em Campo Grande, no bar em Paciência trocando ideia, tentando jogar bola, eles falam: "Pô, cara, tu tá aqui, nem acredito."

Por exemplo, antes de ontem eu tava numa missão de fazer umas entregas de cesta básica. Você não vê *uma* foto minha entregando as cestas, mas consegui uma campanha pra fortalecer os artistas de rua, galera de sarau, galera de poesia no metrô, enfim, os artistas de rua. Eu tinha uma *live* marcada pra nove horas da noite, e sou muito pontual. Eu falei pra menina: "Ó, eu vou entrar no 3G, mas, ó, vou tá na Kombi." E aí, quando faltava meia hora pras nove, já tava em Bangu, fui pra Vila Aliança, que é onde mora o Binho Cultura, e a Vila Aliança é inimiga de Antares. Vila Aliança é Terceiro Comando. Antares sempre foi Comando Vermelho, agora é milícia. Mas sempre teve essa rivalidade. E consegui chegar à casa do Binho, liguei o celular e fiz a *live* dentro da casa do cara que sempre me ajudou e sempre que eu posso também ajudo ele. Então é uma conexão.

Ô, Julio Ludemir, quando você fala assim, "Em que lugar você se vê?", essa galera nova que tá com destaque, Sabrina Martina, Carol Dal Farra, Tom Grito, Geovani Martins, eu me vejo ali no time. Eu sou o Willian Arão, tá ligado!? Não sou o atacante, marco gol de vez em quando, mas tô sempre ali no time, sempre jogando. Fico muito feliz em fazer parte desse time. Como você falou, faço um pouco de cada coisa, porque a minha missão, como eu sempre digo, é escrever pra quem não gosta de ler. A minha parada é chegar na escola, onde ninguém me conhece. A maioria dos lugares que eu já fui, ninguém tinha lido meu livro. Ninguém tinha lido, Julio Ludemir, ninguém. Só assim, o professor tinha ouvido falar, viu na televisão. E quando eu saio da palestra, a galera tá correndo pra biblioteca pra pegar outros livros, não só os meus. Pra mim muito bom saber que tem *Guia afetivo da periferia*, pô, livro muito foda, que tem o livro da Rôssi, *Rio de rimas*,[15] e o do Nuno [DV], *Rio de riscos*.[16] Quando eu sei que tem esses livros nos lugares e eu posso indicar, me sinto como se fossem ferramentas de trabalho para incentivar a leitura.

Os meus livros são só algumas ferramentas, e quando tem pessoas que tem vários textos que eu acho relevantes, que eu acho maneiro, que acho que seja de extrema importância pra galera ler, eu falo. Se eu sei que tem esse livro na escola, e a pessoa pede: "Jessé, eu já li o *Fiel* e o *Efetivo*, quero ler outro livro foda." Eu falo: "Vai lá, *Sol na cabeça*;[17] *Manual prático do ódio*,[18] Ferréz; vai lá, *Cidade de Deus*, vai lá, *Te pego lá fora*,[19] Rodrigo Ciríaco." É isso. "Pesquisa aí, ó, Conceição Evaristo, pá..." Então, pra mim, só de tá no meio dessa galera, de conhecer essa galera, já é muito maneiro.

Como eu posso dizer, Julio Ludemir? Eu sou amigo do Julio Ludemir, sou amigo da Rôssi, sou amigo do Faustini. Sei que eu nunca vou ser o Pelé, o Neymar, o Maradona, mas ser Willian Arão, pra mim, já é perfeito, porque eu tô próximo de vocês, tenho contato com vocês e o que eu aprendo com vocês me ajuda nessa parte de passar a minha visão pra galera.

Quando entrei pra Espocc,[20] na Maré, eu já tava escrevendo o *Fiel*, já tava na Flup, e ali eu aprendi coisas, conheci uma galera que se não fosse por ter convivido com eles na Espocc, hoje eu seria uma pessoa totalmente diferente. Eu fiz Espocc junto com Raul Santiago, Rene Silva, Anderson Quack da CUFA, Elaine [Sousa Silva].

Tinha uma galera que tá hoje no cenário e que me mostrou outras visões de mundo, porque a minha visão, ela era mais aquela coisa do cara da favela só. Por exemplo, eu achava normal o barraqueiro, o cara da barraca, ter relações com várias menininhas de 14, 16 anos. Achava normal, achava maneiro, até elogiava. Quando eu conheci essas pessoas que têm uma outra visão de mundo, que me ensinaram coisas importantes, que me explicaram coisas, eu tive que me desconstruir pra passar a reconstruir de outro jeito, porque eu tava com a cabeça muito enraizada. Costumo falar pra galera que se eu não tivesse ido pra Flup, pra CUFA, pra Espocc, pra galera da [Agência de] Redes para a Juventude,[21] hoje talvez eu fosse um bolsominion, cara. Porque os meus amigos do passado, todos eles são.

A galera da favela abraça muito esse pensamento machista, preconceituoso. Não tô dizendo que a favela toda seja assim, não. Mas isso é muito enraizado nas periferias. Quem convive sabe. A gente elegeu Wilson Witzel, a região aqui de Campo Grande, Paciência, Santa

Cruz, que é onde eu mais atuo, foi papo de 90% votar no Bolsonaro. Então, foi preciso eu sair um pouco do meu local pra conhecer. Eu falo uma parada assim: "Eu só aprendo calado." Eu gosto muito de tá nos lugares, Julio Ludemir. Uma parada que eu digo muito, é que todo mundo quer ser palco, mas poucos querem ser plateia. E se você parar pra ver, eu tô sempre como plateia, nos eventos, no sarau, no slam, na batalha de rima, nos eventos da Flup que eu não tô participando, eu tô na plateia. É uma coisa que eu acho muito importante. Quanto mais eu puder ser plateia dessa galera que tá chegando, da mulher preta que tá ganhando destaque, que tá ganhando a cena, quanto mais eu sou plateia, mais aprendo e menos eu erro. Me sinto muito lisonjeado de poder ser plateia e também fazer parte do time, como o Willian Arão, tá ligado!?

MF: Rôssi, gosto de brincar que também não existiria essa literatura de periferia do modo que a gente tá passando a conhecer no Brasil, com livros publicados, sem a emergência das rodas de rima e esse movimento urbano dos saraus. Isso fez muito bem ao campo da literatura de periferia. Além de ser uma linguagem própria, uma manifestação própria, é um ambiente de ensaios e de insights, de criação, que acontece nas praças. Você acompanha, escreve, pensa, dá aula numa pós-graduação a esse respeito. Queria que nos dissesse como você vê a relação das rodas com a literatura de periferia publicada? Porque o Jessé também tem sarau, participa, é esse personagem que ouve, faz, cria as rodas e tem esse trânsito não só entre escritores de periferia e ativistas que Junho de 2013 produziu. Ele tem também um trânsito entre hip hop e literatura de periferia, tem vários trânsitos. Como você vê esses caminhos que um escritor como o Jessé traçou, misturando saraus e os livros publicados?

A rua e a cultura urbana

RÔSSI ALVES: Já conversei algumas vezes com Jessé, e ele é superenvolvente. A gente fica fascinada. Logo no início da fala do Jessé, ele comentou sobre quanto o livro fez dele um escritor reconhecido. E falou: "Eu não sou nada diferente, mas pessoas passaram a me ver como autor a partir do livro." Vemos como isso ainda é importante, né? O livro ainda é um bem de consumo supervalorizado. Quer dizer, essa cultura toda do Jessé, é lógico, ela vem se desenvolvendo, a gente tá sempre aprendendo, sempre caminhando, mas foi preciso um livro pra dar a legitimação. O que é uma pena porque tem todo o movimento das rodas, dos saraus, de batalhas, de slams que cresceram vertiginosamente nos últimos anos. E tem também toda uma riqueza, um potencial linguístico, uma relação com a cidade que é espetacular, que é desse trânsito que aparece na literatura do Jessé, mas que não tem ainda a chancela, o reconhecimento que o Jessé já tem. Tenho esperança de que isso cresça.

Sobre o trabalho do Jessé, em especial o trabalho sobre a cidade que o Jessé desenvolve, que é dessa galera das ruas, dos MCs, poetas, eles trazem uma cidade diferente. Sempre pensei e trabalhei com a cidade. O Rubem

Fonseca é um dos meus escritores preferidos, trabalhei muito Patricia Mello, Paulo Lins, e o que a gente passou a ter, sobretudo na virada dos anos 2000, foi um tipo de leitura da cidade que difere da literatura preexistente. Não por ela estar sendo feita por alguém a distância, mas também porque era uma literatura que privilegiava o espetáculo. Nesses pensadores da cidade mais canônicos, ela é muito espetacular, a violência é espetacular. E o que chama atenção nas obras do Jessé, nos textos, nos dois livros e no texto da Flup, é que a gente tem a paisagem carioca que aparece com a sua riqueza linguística, com violência, com humor, com desigualdade, com episódios de racismo, ele tem um passeio bem amplo pela cidade, mas não tem romantização. Muitos dos autores, inclusive da nova geração do Jessé, que pensam a cidade... Eu até gosto desse tipo de literatura, mas é comum a gente perceber que aparece ali um discurso que é totalmente de denúncia, de miséria, das falhas, dos problemas imensos, do crime. Ou então — e ou — um discurso que apresenta ao lado da Zona Norte, do subúrbio, a Zona Oeste, as favelas como espaço da malandragem, das relações verdadeiras, da essência, que é muito romantizado também. O que eu acho interessante é que na obra do Jessé a gente tem até casos de amor. Há tendências diversas. E, relacionando com a pergunta do Faustini, acho que você, Jessé, a sua obra, me remetem — eu trabalho o tempo todo pensando nas rodas, na cultura de rua, a ponto de escrever e defender uma ideia de uma literatura urbana carioca — a essa nova geração do rap, essa galera que se formou e teve como oficina literária o espaço das rodas culturais, o espaço dos saraus, o slam e as batalhas. É uma geração que, embora em algumas de suas letras carreguem uma militância mais arraigada, como a velha escola, eles que têm outras preocupações. Nos seus dois livros, você tem casos de amor, nos seus dois livros tem sexo, tem consumo, tem sonoridades, funk, rap, pagode, tem Kombi, os meios de transporte da Zona Oeste. Ao lado de um Jessé militante, que traz todo um histórico de uma cidade que sofre, que não tem seus direitos respeitados, tem o Jessé que também passeia por muitos outros temas, e isso forma uma massa que é muito interessante. O que me lembra o trabalho do Xamã, do Choice, você falou aí da Azzy, do Bk', que é uma galera com a qual eu sei que você tem uma relação muito próxima.

Eu sei que você tem conto, narrativa curta, tem esses dois romances, mas eu queria saber se, antes disso, você teve alguma experiência com outro tipo de linguagem. Com quais linguagens artísticas, de preferência dentro da cultura urbana, você teve contato? A gente pode pensar em grafite, funk, história em quadrinhos, porque na sua literatura eu vejo essas conexões. O Faustini falou de linguagem rápida, concisa, mas não é só isso. Tem um aproveitamento de elementos do que tá acontecendo, do que acontece com o garoto no *freestyle*, na roda, na batalha, uma performance que aproveita todos os estímulos da cidade, e aí eu fico pensando, o *Fiel* é anterior à Marginow, o texto da Flup também é anterior. Você provavelmente foi aprimorando a tua relação com a arte de rua, com a performance. O que eu queria saber é o que havia anteriormente.

Se puder falar da sua experiência na Marginow, antes do estouro do *Fiel*? O que fez o Jessé a produzir uma obra tão urbana, jovem, pulsante, tão das ruas? Porque você é rua.

JA: Então, Rôssi, querida, sou seu fã! [Rôssi ri] Cara, o Julio Ludemir já presenciou a gente vindo da Cooperifa de ônibus,[22] fiquei rimando, dentro do ônibus, tipo, sei lá, por uma hora. Aí ele disse: "Você é um rimador! Por que você não investe nisso?". [Risos] Assim, Rôssi, eu já fui skatista, já fui pichador, já fui evangélico, já fui, sei lá, já estudei sétima série cinco vezes, eu já participei de várias paradas. Num papo cabeça assim, de desenrolo, que eu tiver conversando com alguém, eu conto essa história, falo o seguinte: "Como eu sou o caçula, tenho dois irmãos mais velhos, moradores de favela, e minha mãe vendia sonho na rua, meu pai vendia cuscuz, a gente sempre foi pobre. Eu nunca tive um destaque de cara nos locais em que eu morava, sempre tive que lutar pra conseguir o respeito. Sabe? Eu não era um bom jogador de futebol, mas todos os lugares que eu passei, escola e até no quartel, sempre joguei nas seleções de futebol, não que eu fosse bom, mas porque comecei a desenvolver táticas pra ganhar um certo respeito na escola, na rua. Eu andei de skate, eu fui pichador. Comecei a pichar porque quando a gente saiu de Antares e foi morar em Paciência — meu pai arrumou um emprego de zelador numa igreja batista que a gente frequentava —, eu fui estudar numa escola que era no Cesarinho, e o Cesarinho sempre foi rival de Antares. Ali, os moleques todos pichavam na escola. Aí um maluco falou: "Pô, tu picha?" Eu falei: "Pô, eu picho." "Picha o quê?" Aí eu olhei a mochila da menina na minha frente e tava escrito "*Atol*". Aí o maluco: "Ah, tá, maneiro." E comecei a pichar, pra fazer parte do grupo, pra ser aceito. Só que aí não bastava só pichar, tinha que ser um pichador foda pra poder ter moral, então eu pichei o [Supermercados] Guanabara de Paciência. Marcus Faustini conhece, lá em cima. Ali eu era respeitado. As pessoas me respeitavam porque eu era o Atol e nisso me chamavam pra baile funk. Tinha até um baile de briga, mas eu era muito magro, sempre fui fraco, fisicamente falando.

Eu ia pro baile de briga, e nunca recusei um mano a mano, perdia a maioria, mas não recusava. [Risos]

RA: Sério?! Você ia pro corredor?

JA: Eu ia pro corredor, inclusive n'*O esquema* [livro no prelo], eu falo disso. Passo por esse universo. Eu frequentei baile de briga, ia pra galera do Cesarinho mesmo tendo os amigos em Antares e conseguia circular entre o lado A e o lado B. Cara, chegava no baile, tirava a camisa, pedia pra menina segurar pra ficar no corredor, só que eu não ficaaaaava assim, ficava meio atrás dos caras, entendeu? [Risos] Já era o suficiente pra olharem e falarem: "Pô, Jessé tava lá." Fazia aquela cena. Bastava tá ali no meio e já ganhava respeito.

O local onde a igreja que a gente morava nos fundos ficava, onde o meu pai era zelador, não era dentro da favela, era no centro de Paciência, onde tinha um pessoal com uma condiçãozinha melhor. E os moleques da Divineia, do Cesarinho, quando eles queriam um chinelo novo, eles iam na rua que eu morava. Eu comecei a entrar na briga desses moleques da favela. E, quando eu consegui o respeito da galera do baile, eles pararam de me roubar na rua onde eu morava. Tinha o respeito na rua, e ganhei respeito com a galera da igreja e com a galera que ia pro baile, e ainda juntou a pichação. Então, eu era um cara que fazia parte de grandes coisas pro momento que eu estava vivendo. Tinha o respeito da rua, porque eu era pichador. Uma vez, vindo do trabalho — eu trabalhava de garçom na Barra —, vieram dois malucos que ficaram me olhando, me olhando, aí eu pensei: "Qual é?" Aí eu vi que a mão dos malucos tava suja de tinta e falei: "Qual é, mané, tava tacando nome?" "A gente tava, sim, a gente tava pichando. Pô, por que tu tá perguntando? Tu picha também?" "Pô, picho." "Picha o quê?" "Pô, picho *Atol*." Isso era, assim, 1999, pra você ver como eu sou velho. Aí o maluco falou: "Caraca, mané, vi tua pichação não sei onde, num sei o quê, num sei que lá..." "Tu é daonde?" "Pô, Sepetiba." "Pô, sou amigo do Tool." Aí comecei a entrar no universo do desenrolo, e o moleque disse: "Pô, a gente veio te assaltar, mas não porque a gente é ladrão, mas porque, pô, tu aí sozinho aí..." E eu sou um cara assaltável, né? Tenho cara de bobão. Como eu sempre tive cara de bobão, sempre compensei na rataria. Sou muito rápido de perceber as coisas. Então, Rôssi, respondendo à sua pergunta, fiz, sim, parte de movimento de pichação, fiz parte da galera do skate, mas não era bom skatista. O Julio resumiu bem o Jessé Andarilho: um cara que não é bom em nada, mas faz tudo. Eu sempre andava com os grupos mais brabos, a galera de Sepetiba, do skate. Eu era um cara do skate que também sabia andar de patins. Cara, eu sempre fiz um pouquinho de cada coisa, pra poder me manter vivo. Na verdade, pra ter o respeito. Porque um cara fraco, magro, com cara de bobo, caçula, que até pra conseguir as coisas dentro de casa tinha que falar alto, tinha que tretar. Isso moldou um Jessé Andarilho que consegue desenrolar muita coisa no papo, mas falo alto na discussão, quero ser ouvido, porque eu aprendi assim.

Ganhei meu respeito na área através de gritar, de falar, de desenrolar, de correr atrás. Se você parar pra pensar,

Rôssi, na minha trajetória como pichador, faço parte do maior grupo de pichação do Rio de Janeiro, que é a Irreverentes. Quando eu fazia as paradas na igreja, eu andava com o pastor Marcos Pereira, com o Waguinho. Fui virar escritor, hoje tô na Companhia das Letras. Entrei no roteiro, fui escrever na *Malhação*, na Globo. Quando fui trabalhar com ONG, fui parar na CUFA. Vendo assim, eu sempre fiz parte dos movimentos mais conhecidos, mais respeitados, os maiores. Vamos falar de festa literária no Brasil, é a Flup, é a maior que tem, é inegável isso, que ganhou aquele prêmio gringo lá disputando com a Flip. Então, faço parte da Flup. Já fui um cara que quando morava na favela e saí do quartel, fiquei quase um ano vagando, sem trabalho. Minha mãe me dava uma ajudinha, eu morava sozinho em Antares, e eu andava com os caras, meus amigos — vários viraram traficantes. Já parei pra almoçar com os líderes do Comando Vermelho. Conheci os maiorais. E isso me abria portas em favelas, possibilidades. Se eu fosse te falar tudo que eu já fiz: eu entrei no meio dos maiorais, mas nunca fui o maioral, só que sempre tive ali, tinha meu respeito. Por ser pichador, eu tinha conceito na favela. Por ter conceito na favela, tinha moral com os skatistas, tinha moral nas ONGs. Sempre fui o cara que lutava por esse reconhecimento, por esse poder, que certos movimentos te trazem. Entrei pro meio do rap, fui gravar poesia com Mano Brown, fiquei amigo do Xamã, do Bk', dessa galera que você citou. Sou amigo da galera da Batalha da Aldeia,[23] que é hoje a maior batalha do Brasil, em São Paulo.

Isso tudo me moldou e me fez ser um cara importante no cenário. Só que, quando você vai ganhando maturidade, vai percebendo que não precisa mais *desse* tipo de poder. E foi aí que saíram meus livros, e eu comecei a fazer coisas. Quando eu criei a Marginow, que é pra dar poder pras pessoas... Quando você olha na televisão, e você mora na favela, e vê um cara que tem destaque porque tá segurando uma arma, tá segurando um fuzil, e de repente você vê um cara que também é da favela e tem destaque porque tá escrevendo livro, tá cantando rap, tem um clipe no YouTube, ou fez um filme, são outras formas de ser respeitado. Eu tento passar pra essa galera visões de mundo pra que elas não tenham que passar pelo que eu passei, de tá numa favela em Caxias e o Caveirão entrar, e eu tá no meio dos traficantes, por achar maneiro, por curtir baile, por ter esse conceito na pichação e tal. Essas coisas me levavam a ficar perto dos caras brabos das favelas. Passei muito perrengue na vida por causa disso, poucas pessoas sabem.

O Julio falou que eu tô muito sério hoje, é porque eu tô me abrindo pra vocês. Mas eu confio em vocês. Já passei muita coisa ruim nessa de lutar pra ter poder, pra ser respeitado. Quando eu entro no movimento do rap e troco ideia, e tem o papo Marginow, que eu entrevisto a galera do rap já de destaque e mostro pra galera que tá assistindo que nada acontece do dia pra noite, que vale a pena batalhar, eu quero passar uma visão de mundo pras pessoas não terem que passar pelas coisas que eu passei. O bagulho é doido.

Quando se fala que meus textos não têm romantismo, mesmo eu sendo um cara que tem uma militância, eu coloco, Rôssi, as minhas militâncias dentro do texto, só que elas não são explícitas. Elas tão ali nas entrelinhas. Por exemplo, quando chega ao Fiel a informação de que a Jéssica, a namorada dele, só sai com menino traficante, só sai com bandido, ele acredita naquilo e se envolve pra ganhar a atenção dela. Lá na frente ele descobre que não, que ela não é uma menina que só sai com traficante, tanto é que ela nunca tinha namorado nenhum traficante antes. Ele foi o primeiro menino que ela namorou, ela nem sabia que ele era traficante, depois que ela descobriu. Então é uma forma de desconstruir as ideias. Só porque a menina tá no baile, dançando de shortinho, as pessoas acham que ela tá dando mole pra bandido, que ela só sai com bandido, e não é isso. Eu mostrei que não era isso no caso dela. Desse jeito, eu tô fazendo a minha militância, dizendo que a mulher pode ser o que ela quiser e pode usar o que ela quiser, e não tá ali necessariamente pra chamar atenção de bandido. Vou colocando essas coisas que eu acredito, que aprendi nos movimentos sociais, que aprendi com vocês, inclusive.

Vou colocando nos meus livros de uma maneira leve, de uma maneira que as pessoas vão ler, vão conhecer a história, só que, quando elas pararem pra refletir, vão entender do que eu tô falando. Tô fazendo minha militância através da história que tá sendo contada.

As questões do racismo, por exemplo, que você falou que tem no *Efetivo variável*, o racismo tá ali, mas eu não tô: "Ah, o país é racista." Eu conto uma história, faço a pessoa sentir: "Caramba, que merda." Tô fazendo minha militância sem ser chato, como eles falam aqui, porque tem gente que acha que militante é chato. E como eu não quero ser um autor chato, quero escrever histórias agradáveis, quero que as pessoas se divirtam, que entrem na história, eu procuro jogar a militância nas entrelinhas, entende?

O leitor

ISABEL DIEGUES: Muito bom te ouvir, Jessé. Eu queria saber pra quem você escreve. Ouvi aqui a tua história, de que você não lia, de que você não era interessado em livros, talvez nem se ligasse que existissem livros de ficção que pudessem ser divertidos, interessantes. E você começou a escrever a partir do momento em que começou a ler porque descobriu que existia um jeito de escrever as histórias que era parecido com seu jeito de pensar, e decidiu que também poderia fazer aquilo. Mas quem é o seu leitor? Você diz escrever pra pessoas que não gostam de ler, mas quem são essas pessoas? Quem são as primeiras pessoas que leem os seus textos? Tem amigos? Outros escritores? É direto seu editor? Quem são seus primeiros leitores? E eu também queria que você dissesse pra gente o que mudou na sua vida ou no seu jeito de escrever depois de publicar?

JA: Eu penso na galera de periferia, na galera de favela, porque a gente vê televisão demais. Vendo televisão, a gente acha que precisa consumir um monte de coisa que a gente não precisa de verdade. Cara, é uma luta o tempo inteiro, e as pessoas dizendo que a gente tem que ser alguém na vida. Mas a gente já é alguém na vida. É o tempo inteiro as pessoas passando a visão de que pra gente vencer tem que ter certas coisas. A gente tem que ter formação, a gente tem que ter isso, tem que ter aquilo, bons empregos. E eu fico vendo uma porrada de gente que tem bons empregos, que tem formação, que estudou pra caralho, se matando de trabalhar, se matando pra ter coisa que de repente nem precisa. Porque as pessoas compram carro caro pra fazer parte de grupo, compram casa cara, casa de praia que nunca vão, se matam de trabalhar, muitas vezes são escravos do trabalho. E, se você andar pelas ruas da Zona Sul, vai ver bem menos sorriso que nas favelas. Então eu já tenho isso dentro de mim, essa preocupação. Quando eu escrevo histórias, penso o tempo inteiro na galera que tá recebendo uma chuva de informações, como se elas precisassem daquelas coisas que, na real, elas não têm como consumir.

Quando eu tô escrevendo, penso em colocar elementos que vão prender a pessoa na história que eu quero contar. Por exemplo, no *Fiel*, coloquei que o menino tava brigando com a mãe. Eles discutem porque a mãe descobriu que ele é traficante. Só que na hora que a mãe descobre, ele tá tomando banho com sabonete Phebo, depois ele põe uma camisa do Flamengo, e o leitor vai se identificando com esses elementos, se sente representado. No meio da tensão, ele quer ir embora de casa, pega o telefone e descobre que precisa botar pra carregar antes de sair. Desse jeito, já consigo me comunicar com um bocado de gente que não vive sem telefone. E no meio da confusão eu consigo prender a atenção de leitores, que, na minha cabeça, não são leitores de literatura, de livros. Pelo menos não ainda. E com esses elementos da vida normal, eu consigo prender a atenção deles.

Nessas histórias, eu vou jogando um pouco da minha vivência. O meu público-alvo são pessoas que acredito que têm tudo pra não serem leitores, têm tudo pra passar por coisas que eu passei ou quase passei: envolvimento com tráfico, com milícia. Eu penso que essa é uma literatura de transformação. Que eu vou transformar vidas contando essas histórias. Tento usar meus personagens como exemplo pras pessoas não seguirem esse caminho, e tem dado certo. Vou te falar, toda semana eu recebo mensagens de pessoas que tiveram a vida mudada, que leram meu livro, viram uma fala minha não sei onde, e a vida da pessoa mudou. Quando eu tô escrevendo, tô pensando naquele jovem morador de favela, que não tem muita perspectiva, que acha que livro é chato, que acha que cinema é só pra gente rica, branca, pra pessoas importantes. A minha ideia sempre foi mostrar pra galera um outro universo.

Tudo eu penso na troca. Pra quem não conhece a realidade da favela e lê o livro, eu tô mostrando um universo novo pra essa pessoa. E pra quem já é da favela e conhece o universo, eu tô mostrando esse universo de outro jeito. Uma parada que é possível, por exemplo: quando eu comecei a trabalhar com audiovisual e comecei a ganhar um dinheiro, em 2013, uma diária pra operar áudio era quatrocentos reais. Uma diária do pedreiro era cem reais. Olha quanto que o pedreiro rala e olha quanto que um operador de áudio rala. Eu consigo mostrar pra galera da periferia outras profissões. Porque aqui a gente acha que trabalho são os trabalhos convencionais: pedreiro, eletricista, soldador. A gente se vê como subordinado de alguém, como assistente de alguém, como se a gente servisse só pra dar suporte pras pessoas, profissionalmente falando. E eu acredito que a leitura liberta, que a leitura transforma, que é uma ferramenta que pode salvar vidas, como salvou a minha.

Penso em escrever histórias pra galera do asfalto conhecer um universo novo. E eu preciso que a galera do asfalto me leia, me publique, diga que eu sou legal, que dê uma notinha sobre mim num blog, pra eu chegar na favela e falar: "Aqui, cara, o que aquele jornalista falou de mim, o que aquela mulher falou. Aquela pessoa lá no Leblon falou que eu sou legal, que meu livro é legal." Aí a pessoa daqui vai e lê o livro. E quando começa a ler, é muito mais fácil de fazer um trabalho com ela. "Pô, me indica um livro." A partir da leitura, a gente começa a abrir uma conexão, um diálogo, elas vão conhecendo outras referências, acreditando que é possível realizar o próprio sonho, que a arte dela também é maneira.

Quando eu criei a Marginow, que significa quem veio das *margens* pro *now*, pro agora, é porque a nossa arte também tem que ser valorizada, no sentido até de grana mesmo. Quando eu socializo com a galera depois do slam, a gente tá trocando uma ideia, uma cerveja, uma água, um refri, um papo reto. Quando eu falei pra Sabrina Martina que eu tinha indicado ela pra participar de uma palestra do TED, ela falou: "Jessé, muito obrigada, tem um cara me ligando de São Paulo perguntando quanto é que eu cobro. Quanto que eu devo cobrar pra fazer essa palestra?", "Qual a empresa?" Ela falou a empresa tal. "Fala pro cara que é 5 mil reais." "Que é isso, Jessé? Eu nunca ganhei 5 mil reais." "Fala que é 5 mil reais." "Mas quanto tu cobra?" "Eu cobro 10." "Sério?" "Sério." Daqui a pouco, ela me ligou chorando: "Jessé, eles aprovaram, eu não acredito." É nesses bastidores, nessas entrelinhas, que às vezes a gente consegue dar uma ideia, dar uma dica, que pode transformar uma vida. Porque 5 mil reais de repente não faz tanta diferença pra vocês quanto faz pra Sabrina. Porque o bagulho aqui é muito doido, Faustini.

MF: Pra cima de mim? [Risos]

JA: Sério, quando você consegue se conectar às pessoas, dá dicas e elas conseguem usar essas dicas, é também nesse sentido que a minha escrita pode transformar. É preciso que a galera elitizada me leia pra poder dizer que meu texto é legal, pra que meu texto possa chegar nas escolas. Porque infelizmente a gente ainda precisa que vocês digam que nossa parada é legal. Não vocês, né? Mas eles [risos].

A vida na comunidade

MF: Você já viveu em comunidade com tráfico e com milícia. Como é ser um artista dentro de uma comunidade com tráfico e como é ser artista dentro de uma comunidade com milícia?

JA: A favela, o favelado, ele não é a favor da milícia. Ele não é a favor do tráfico. O favelado não é Comando Vermelho e não é Terceiro Comando. O favelado não é Crivella, não é Eduardo Paes, não é Bolsonaro e não é Lula.

O favelado raiz, o cara, a mulher que trabalha e que pensa melhorias pra comunidade não pode ter bandeira, ele é a bandeira do momento. Se hoje é Crivella, "Crivella é nóis"; se hoje é Comando, "Comando é nóis"; se amanhã vira Terceiro, "Terceiro é a gente"; se depois virar milícia, é 5.5; se vira Comando, é tudo 2.

Morador é morador. Só que, se o cara é líder comunitário e ele abraça a bandeira do PT, automaticamente as coisas que já são difíceis de chegar na favela, não vão chegar mais. Ele acaba tendo que ser o que for a situação. Ele é levado a seguir o que tiver mandando. Se a pessoa que trabalha em liderança de favela fica dando porrada em quem tá lá, aí é que as coisas não vão chegar mesmo.

Mas tem pessoas como eu. Eu não preciso, necessariamente, do apoio de quem tá na situação, não preciso ter apoio do Crivella, porque eu não sou da associação de moradores. Não preciso que eles façam as coisas pra mim, posso ser o que eu quiser. Só que a favela, de tráfico... eu vou falar por Antares, cê falou pra não falar, mas eu vou falar de Antares. Antigamente, na favela o bandido era o assaltante. Assaltava, voltava pra favela e ficava lá. Com a chegada das facções, do narcotráfico, a galera que assaltava começou a passar perrengue, porque a galera começou a investir mais pesado em segurança de banco, câmera. Foi mais cômodo pros bandidos vender pó e ficar na favela mesmo. Tinha uma certa tranquilidade, só de vez em quando tinha umas ações policiais. Tô falando de crime de favela. Eu poderia tá falando de traficante playboy, mas aí eu não ia responder tua pergunta. E aí, Marcus Faustini, pro cara do asfalto foi vantagem o tráfico dentro da favela, porque o assaltante não precisava mais assaltar tanto. Ficava só vendendo pó que ele tem uma vida digna, boa, com muito dinheiro, sem precisar sair dali. Só que o quilo do pó em 2000 custava entre 2 e 5 mil reais. E o pó de cinco era cinco reais. Hoje, o quilo de pó é 20 mil reais e o pó de cinco continua sendo cinco reais. Não teve inflação no tráfico. E os traficantes começaram a precisar arrumar outras formas de conseguir dinheiro pra eles terem como pagar o arrego da polícia. Porque o arrego, sim, sofreu inflação. O preço da mensalidade da escola do filho do policial aumentou, o preço do condomínio aumentou, e ele teve que arrumar outras formas de conseguir ganhar mais grana. Então o que traficante começou a fazer? Começou a explorar gás, gatonet, que é a mesma coisa que a milícia explora, mas só isso também não tava dando pra pagar os arregos e manter uma vida confortável de patrão, de cordão de ouro, que o assaltante usava antigamente quando não precisava vender drogas. Aí, Marcus Faustini, é que vem a coisa: os assaltantes começaram a assaltar carga e mais uma vez voltou a doer no bolso da estrutura elitista, na galera do asfalto. Começou a surgir o apoio às milícias, por parte da comunidade e do asfalto, porque a milícia é pobre explorando pobre, irmão. E a galera não precisa mais assaltar carga. Só que a chegada da milícia, pro morador que é só morador, em Antares, por exemplo, antes tinha tiroteio todos os dias...

MF: É o que meu pai me diz toda vez que eu vou no Cesarão. "Não tem mais tiro, é uma maravilha."

JA: Aí você me diz, pro morador que é morador, o que ele quer é morar, trabalhar, chegar em casa. E de repente você mora numa região que não tem mais tiro. Isso, prum morador, acaba parecendo muito bom. Realmente, é menos pior. E ficou melhor pro asfalto porque o roubo de caminhões de carga diminuiu também. Essas favelas que antes serviam de abrigo pra roubo de carga de caminhão, onde a polícia não podia entrar, agora, com essa mudança de comando, essas práticas não são mais frequentes nas comunidades onde tem milícia, acaba sendo bom pro empresário também. Tô vendo uma parada que eu fiquei de bobeira, que eu tava até comentando com um amigo meu, que é a seguinte: quando criaram a UPP,[24] parecia pro asfalto que seria uma parada muito bonita, que eles iam chegar, que eles iam trazer paz. Mas imagina ver uma pessoa trazer a paz pra você com uma farda que você sempre odiou. Pessoas de farda recebiam arrego, entravam dando tiro pra prender traficante, depois tavam lá, o dia inteiro aquela movimentação na favela, pra arrecadar dinheiro pra polícia, pra polícia soltar o traficante.

Por isso que a população da favela tem esse ranço com a polícia. E sabe que essa ação toda na maioria das vezes é só prum sequestro relâmpago, pra arrumar dinheiro. De uma hora pra outra, com a milícia, já não tem mais essa parada. Pra muitas favelas ficou melhor. E por que tá dando certo? A milícia fala que tá fazendo a pacificação, a ação deles hoje é chegar na favela, tomar o território. Mas não fica uma galera fardada. As pessoas que tão tomando conta da milícia da região são crias, são moradores. Muitos deles migraram do tráfico pra milícia, então não tem aquele estranhamento prum morador. O morador que via o Joãozinho andando de fuzil, de bermuda e chinelo, hoje vê o Joãozinho de calça jeans e camisa preta. Mas é o mesmo Joãozinho que fala "Tá ligado, é nóis, qual é, abaixa o som por favor".

MF: Você pretende um dia botar a milícia como personagem?

JA: Já tô botando.

RA: Você nessa representação da cidade, não satisfeito em trazer a Zona Oeste, ainda vai escolher um bairro superdistante, escolhe Antares. E, no *Efetivo*, você traz um quartel. Isso é tão raro, tão incomum, mas a gente sabe que, pra quem é da Zona Oeste, a Vila Militar tá no meio do caminho, ela tem uma importância grande. E sem contar que, pra muitos jovens suburbanos, a carreira militar ainda é a forma mais acessível de ascensão social. Eu queria saber qual foi seu estímulo pra trazer um quartel pro protagonismo na sua obra?

JA: Olha, Rôssi, quando você pensa em Exército, você pensa em quartel, pensa em homens fardados. A Zona Oeste do Rio de Janeiro é a zona que tem mais batalhões do Exército: Vila Militar, Deodoro, Bangu, Realengo, Santa Cruz, Guaratiba etc. A gente é cercado por batalhões. O *Efetivo variável* conta a história de um preto, jovem, favelado. Não sei se vocês sabem, 90% dos jovens que são soldados do Exército — que entram e saem todos os anos e por isso chama efetivo variável — nunca tiveram experiência com trabalho. Você pensa no jovem favelado que entra no Exército, que fica um ano recebendo salário todo mês pra ficar com um fuzil na mão, aprendendo tática de guerra, aprendendo a dar tiro, aprendendo tática de camuflagem, montar e desmontar arma. Aí esse jovem que entrou com 18 e saiu com 19, sem nenhuma formação profissional, sem nenhum preparo psicológico, que passou o ano inteiro segurando uma negona — eles falam que o fuzil é a *negona* —, e quando ele sai, tá sem emprego. Então ele sai e tudo que ele sabe fazer é segurar em arma. Aí você pensa: "Pô, pra trabalhar com arma ele pode ser vigilante." Não, não pode ser vigilante. Não pode ser segurança, porque pra você ser segurança, você tem que ter mais de 21 anos pra tirar a ATA.[25] Então aquele jovem que ficou o ano inteiro recebendo salário pra segurar em arma, quando ele sai do Exército, não tem o que fazer, a única coisa que ele sabe é manusear uma arma. E muitos deles acabam aceitando convite pras facções criminosas, pras milícias.

Se você parar pra analisar, essa região aqui é onde tem a maior milícia do Brasil, depois da Presidência — óbvio.

A gente tem aqui a Liga da Justiça, que domina essa região. Se você olhar no Google o mapa das áreas onde tão as milícias, em volta, a quantidade de batalhões que tem do Exército, o cara já sai pronto pra milícia. Hoje em dia é raro o miliciano trocar tiro com a polícia. O cara vai continuar com fuzil, vai continuar recebendo salário, vai ter o respeito do morador, porque o morador tem que respeitar, porque "é medo ou respeito". E aí, ô, Marcus Faustini, eu falo um pouco disso no *Efetivo variável*. E foi por isso, Rôssi, que eu quis falar do Exército nesse livro. Falei do Exército porque, dentro do Exército, é o lugar onde os pretos, favelados tão servindo, então, eu tô falando de favela, dentro do Exército.

O correria simpático

JL: Lembrei daquela aula, Faustini, em que você falou do boladão e do simpatia. Na verdade, o Jessé é uma mistura do boladão com o simpatia. De vez em quando ele faz uma cara de bolado, mas é teatro.

MF: Eu tava explicando numa aula minha teoria de que o carioca, nos anos 90, tinha que vestir o avatar de boladão pra conseguir andar na cidade. Depois veio aquele carioca mais simpático, que não tinha que encarar desigualdade. E o Julio gostou.

JL: É impressionante a capacidade que o Jessé tem de circular em todos os espaços. Ele é um correria simpático, que ganha todo mundo no terceiro minuto. Mas quando foi que você bolou, cara?

JA: Quando que eu bolei? Pô, já bolei muitas vezes.

JL: Nos seus textos tem muito a figura do sobrevivente na simpatia, na correria. Mas quando você bola?

JA: Costumo dizer que eu sou um cara que nunca ganho nada no grito. Sou o cara que consegue no carisma. Mas eu bolei esses dias, agora, no Rock in Rio. Eu tinha indicado Bk' e Xamã pra cantar, fiz uma matéria pra Globo apresentando o Palco Favela. Fiquei o dia inteiro ali, circulando no camarim, nos bastidores, com crachá, falando na televisão, dando entrevista. E aí, mano, quando eu voltei pra pegar uma câmera minha que eu tinha deixado no camarim do Xamã, o segurança botou a mão no meu peito, me empurrou e falou: "Você não pode entrar aqui, não." "Mas eu tô de crachá, tô aqui o dia inteiro." "Não, você não vai entrar." Ele botou a mão no meu peito e me empurrou na frente de todo mundo, e eu voltei lá nos anos 90, Faustini. "Tira a mão de mim, rapá, tá maluco, vai se fuder", comecei a xingar. "Sai dessa cercania e vem no mano a mano comigo." Ainda bem que ele não veio. [Risos] Se tivesse vindo ia ter dado ruim. O maluco brancão, grandão, ainda bem que ele não veio. Teve que vir gente falar: "Não, é o Jessé Andarilho..." Eu fiquei muito bolado, cara, não por eu ser o Jessé Andarilho, mas por ter ficado ali o dia inteiro, ter levado pessoas, e ser barrado na frente de todo mundo, dos meus amigos. Tava Rene [Silva], tava mó galera e o cara me empurrou e falou que eu não ia entrar. Eu não sou um cara, Julio, que quer camarote, pista VIP, eu quero ser povão. Se me chamar pra pista VIP, vou pra pista VIP, se me chamar pro camarote, vou pro camarote.

Mas se não chamar pra lugar nenhum, não vou tentar entrar não, cara. Já tentei fazer isso quando eu não era outro cara, mas hoje eu sei meu lugar. Se tiver show do Marechal, que é meu amigo, eu vou comprar ingresso e vou ficar na pista. Não vou ficar ligando pedindo pra ele me botar pra dentro, me botar no camarim. Eu valorizo muito a coisa do cara tá fazendo um show de trinta contos, quarenta contos. Eu prefiro pagar a ficar pedindo pra ser botado pra dentro. Se me der uma pulseirinha, eu vou, até fico, mas quando vagabundo me barra dentro da minha casa em bagulho que eu faço parte? Pô, qual é, Julio?! Eu fico muito bolado. Não porque eu fui barrado, mas porque eu tô dentro da minha casa. Igual o meu porteiro me barrar. "Como, se eu moro aqui?" Eu fico puto, tá ligado?

Sobre projetos futuros

ID: Você tá preparando outro livro, pelo que eu entendi. E falou duas ou três coisas sobre ele. Qual o seu plano, o que que você tá mirando nesse momento na sua vida?

JA: Recentemente, lancei um livro pelo selo Leia para uma Criança, do Itaú Cultural, que fala sobre os superprotetores, que são os médicos e profissionais da saúde que tão lutando contra o corona. O pessoal da editora Melhoramentos também me pediu um livro infantil. Tô escrevendo um livro que vai chamar *O esquema*, que sai pela Companhia das Letras. Já até assinei o contrato. Tô escrevendo um outro, chamado *A batalha*, sobre as batalhas de rima. As pessoas não têm noção desse universo, e eu acho muito importante passar essa visão, porque os meninos e as meninas de batalha de rima são muito respeitados e admirados na rua. As pessoas param eles pra tirar foto, eles têm prestígio. Mas dentro de casa a maioria não tem moral nenhuma, a família discrimina, fala que é vagabundo. Pra você ter uma ascensão nesse universo de slam e de batalha de rima, você precisa dedicar sua vida a isso. Precisa frequentar esses ambientes todo dia. Todo dia tem uma batalha, um slam, um sarau num lugar diferente do Rio. Mas quem é que consegue tá todo dia nesses eventos, muitas vezes chegando em casa de madrugada? Quem é que consegue mandar bem nesse movimento e mandar bem em casa!? Impossível. Eu mesmo, quando fiquei nessa correria dois anos: eu ia pra CUFA, saía da CUFA, ia pro sarau, chegava em casa sete da manhã, tomava banho, voltava pra CUFA. Aí sábado eu tava na Flup, e a Flup cada dia tava numa favela diferente e todas elas eram longe daqui. Quem é que consegue se dedicar tanto pra essa arte, pra esse sonho e estar bem em casa? É muito difícil correr atrás do sonho, porque você tem que correr atrás do trabalho, pra levar as coisas pra dentro de casa, e tem que dedicar tempo pra sua família. O pouco tempo que sobra, você tá produzindo texto, lendo, relendo, vivendo esse universo de arte, de cultura periférica.

MF: E o livro sobre a batalha de rima é ficção ou a história do movimento?

JA: É ficção, mas é inspirado em vida real. Escrevo bem próximo da realidade. Um dos meninos mais premiados da batalha Marginow, que eu já levei pra Batalha da Aldeia, o mais respeitado da cena, que era o [MC] Ferreira, se matou ano passado porque tinha muita cobrança na família. Esse é um universo que as pessoas não conhecem, e eu quero explorar essa parada importante. Então, tô fazendo esse livro, e tô escrevendo uma série pra Netflix também — só que a Netflix ainda não sabe. [Risos]

ID: Como é escrever sobre tudo isso ao mesmo tempo?

JA: Eu tenho um defeito, não sou uma pessoa que tem aquela rotina de escrever. Escrevo quando eu tô entediado, ou quando tô esperando alguém. Porque eu sou muito pontual, e as pessoas sempre chegam uma, duas horas depois, e aí eu vou escrevendo.

ID: Fazendo essa quantidade de livros, que horas você fica entediado?

JA: Costumo dizer que tédio é privilégio, porque pobre tem que correr atrás. Mas como as coisas melhoraram um pouquinho e eu tô ganhando uma grana com meu trabalho, consigo um pouquinho de tédio. Tô aqui na minha cobertura sozinho, pô. Cês nem pediram pra ver, mas eu vou mostrar. [Jessé mostra seus livros publicados]

MF: Vai vender pra gente on-line, cara!?

JA: Vou só mostrar, sério. Esse aqui foi da Flup, em homenagem ao Bezerra da Silva. Esse também é da Flup. Tô nesse livro também. E nesse livro aqui. Eu tenho ao todo 16 livros já publicados. Mas as pessoas só conhecem o *Fiel*. Tem esse *Fiel* aqui em espanhol, também.

MF: Jessé, você dá muita palestra. Você tem um jeito específico de terminar as palestras?

JA: Primeiro, eu vou falar como eu começo. Porque o Julio falou: "Ah, você consegue ganhar a atenção da galera em três palavras." Quando a gente vai falar, tem uma coisa que tá até no livro do Henrique Rodrigues sobre o McDonald's, *O próximo da fila*. A sociedade tem sempre uma relação de balcão. A gente tá sempre numa relação que tem a pessoa atrás do balcão te analisando, pra comprar teu produto, tua ideia. Quando eu vou fazer palestra, falar pras pessoas, me imagino em sala de aula, como eu era há um tempo atrás, que eu não queria nada com nada. "Vai vir um escritor de livro falar com vocês." Eu não gostava de livro. Aí chega eu, o escritor. As pessoas já têm essa coisa de: "Pô, o escritor é um cara diferente." E quando eu falo pros alunos que eu repeti a sétima série cinco vezes, a pessoa já ri, eu já falo: "Tá rindo de quê? Sou pós-graduado em sétima série." E já quebro a galera no riso, tento me nivelar por baixo, todos eles ali são mais importantes do que eu, porque ninguém repetiu tantas vezes a sétima série. Eu, que sou favelado, doidão, que fala "tá ligado", que anda com as calças caindo, mas sou escritor, escrevi pra *Malhação*, pra Companhia das Letras, pra Flup, pra grandes empresas — gostou que eu falei que a Flup é grande empresa, né, Julio? [Risos]

Então, primeiro, eu ganho atenção, falo umas coisas engraçadas e dou uma porrada, falo coisa engraçada, dou uma porrada, fazendo rir e chorar. Depois, quando a galera tá dominada, falo o que eu quero, passo as visões. Evito falar diretamente de políticos, mas eu falo de política na essência, falo das questões sociais nas entrelinhas, e quando já tá terminando a palestra, falo uma coisa que eu acredito: "As pessoas têm que acreditar no sonho delas, que é possível, sim, chegar ao sonho, e que, se eu consegui, eu que sou esse doidão que vocês viram, imagina vocês, que são melhores do que eu? E aí a galera bate palma, tira foto, começa a gostar de livro, porque se esse cara aí lê, se esse cara escreve, ele, que é doidão, maneirão, ler deve ser legal. Ele é amigo da Rôssi, do Marcus Faustini, do Julio Ludemir, tá ligado? Amigo do Marechal — hoje eu tenho WhatsApp do Mano Brown, um cara que eu cresci ouvindo. Sou amigo do MV Bill, e ele me liga e a gente fica conversando horas. A arte me levou a ser amigo dos meus ídolos. Sou amigão da Conceição Evaristo, cara. Pô, a gente troca várias ideias, ela se amarra na minha. Consegui levar Conceição pra academia. Cês viram o vídeo dela levantando peso? [Risos]

ID: Deve ter um monte de gente que diz "Eu sou amigo do Jessé Andarilho.", isso sim.

NOTAS

1. Flup (Festa Literária das Periferias), fundada por Écio Salles e Julio Ludemir, o evento teve sua primeira edição em 2012.

2. CUFA (Central Única das Favelas), ONG fundada por MV Bill, Nega Gizza e Celso Athayde.

3. Observatório das Favelas é uma organização da sociedade civil de pesquisa, consultoria e ação pública dedicada à produção de conhecimento e de proposições políticas sobre as favelas e fenômenos urbanos.

4. Empreendedor cultural e diretor do Circo Crescer e Viver.

5. Salles, Écio; Ludemir, Julio (org). *Flup pensa — 43 novos autores*. Rio de Janeiro: Aeroplano, 2012.

6. Em 2019, Jessé Andarilho participou de três mesas na Off Flip: "Escrevivências e andanças: prazer em ler, direito de escrever", com Conceição Evaristo, na Casa de Cultura de Paraty; "O livro e a leitura no Rio de Janeiro", com Waldeck Carneiro e Eliomar Coelho, na Casa de Literatura; e "Encontro de professores: literatura e muitas diversidades", com Cidinha da Silva e Fernando Ferrone.

7. Sarau itinerante criado por Jessé Andarilho. O Marginow tem também um canal no YouTube em que promove vídeos de poesia marginal de 1 minuto.

8. Ludemir, Julio. *No coração do comando*. Rio de Janeiro: Record, 2002.

9. O Trip Transformadores é um prêmio que reconhece e homenageia pessoas que, com seus trabalhos, ideias e iniciativas de grande impacto ou originalidade, ajudam a promover o avanço do coletivo.

10. Lopes, Marcos. *Zona de guerra*. São Paulo: Matrix Editora, 2009.

11. Salles, Écio; Ludemir, Julio (org). *Conta forte, conta alto — Contos inspirados nas canções de Martinho da Vila*. Rio de Janeiro: Funarte, 2018.

12. Lins, Paulo. *Cidade de Deus*. São Paulo: Companhia das Letras, 1997.

13. Faustini, Marcus. *Guia afetivo da periferia*. Rio de Janeiro: Aeroplano, 2009.

14. Série de livros da inglesa J.K. Rowling, de imenso sucesso de vendas, publicado no Brasil pela editora Rocco em 2000.

15. Alves, Rôssi. *Rio de rimas*. Rio de Janeiro: Aeroplano, 2013.

16. DV, Nuno. *Rio de riscos*. Rio de Janeiro: Aeroplano, 2013.

17. Martins, Geovani. *Sol na cabeça*. São Paulo: Companhia das Letras, 2018.

18. Ferréz. *Manual prático do ódio*. São Paulo: Objetiva, 2003.

19. Ciríaco, Rodrigo. *Te pego lá fora*. São Paulo: DSOP, 2014.

20. A Espocc, Escola Popular de Comunicação Crítica, é voltada para a formação de repórteres populares, com o propósito de afirmar a identidade de um grupo social historicamente marginalizado.

21. Metodologia artística para formação de jovens líderes, moradores de favelas e periferias, que incentiva a criação de projetos de intervenção em seus territórios. Desde 2011 é realizada no Rio e hoje acontece também em Londres, Manchester e Belfast.

22. O sarau Cooperifa é um movimento cultural que acontece desde 2001 no bar do Zé Batidão, na periferia de São Paulo.

23. Batalha de rimas fundada por Bob 13 que acontece todas as segundas-feiras na Praça dos Estudantes, em Barueri, São Paulo.

24. A UPP (Unidade de Polícia Pacificadora) é um projeto da Secretaria Estadual de Segurança do Rio de Janeiro que instituiu polícias comunitárias em favelas, principalmente na capital do estado, como forma da desarticular quadrilhas que, na época, controlavam esses territórios.

25. Certificado de vigilante.

SOBRE O ORGANIZADOR

Marcus Faustini é carioca, cria do Cesarão, em Santa Cruz, Rio de Janeiro. Sua sede por cultura motivou, desde cedo, seus constantes trânsitos e deslocamentos pela cidade do Rio de Janeiro, que resultaram no livro *Guia afetivo da periferia* (Aeroplano, 2009), em que narra suas memórias de juventude na periferia carioca. Bacharel em Teatro pela CAL, Faustini é também cineasta e criador da Agência de Redes para a Juventude, uma metodologia que desenvolve lideranças jovens de periferias do Rio e da Inglaterra com o objetivo de criarem projetos que impactem seus territórios. Com a coleção Cabeças da Periferia, Faustini se debruça sobre a produção de artistas-ativistas vindos de periferia e favela, e busca debater com eles suas criações, seu universo e seus territórios de atuação.

SOBRE OS COMENTADORES

Julio Ludemir é escritor, roteirista e produtor cultural. É um dos fundadores e organizadores da Flup (Festa Literária das Periferias), que a cada edição apresenta debates e oficinas com escritores, ativistas e produtores culturais, além de promover, incentivar e formar jovens escritores. É também um dos idealizadores da Batalha do Passinho. Foi seu livro, *No coração do comando* (Record, 2002), que fez com que Jessé Andarilho despertasse para a leitura e a escrita.

Rôssi Alves é professora do Programa de Pós-Graduação em Cultura e Territorialidades da Universidade Federal Fluminense. É autora de *Rio de rimas* (Aeroplano, 2013), um passeio pelas rodas culturais de rima do Rio de Janeiro, no qual apresenta esse fenômeno da cultura jovem que surge em espaços públicos da cidade. Sua pesquisa a respeito de saraus, slams e demais movimentos urbanos a fez conhecer a fundo essa cena e seus personagens, esbarrando na trajetória de Jessé Andarilho.

Isabel Diegues é diretora editorial da Cobogó. Formada em Letras pela Pontifícia Universidade Católica do Rio de Janeiro, atuou como roteirista, produtora e diretora de cinema. É a idealizadora da coleção Cabeças da Periferia. Em 2016, lançou o livro *Diário de uma digressão (Uma viagem ao sertão do Piauí da Serra das Confusões até o mar)* (Editora Cobogó), parte do Projeto Piauí, viagem que resultou em uma exposição de mesmo nome. Como Jessé Andarilho em seu primeiro livro, Isabel também escreveu seu *Diário* no celular, nas estradas do trajeto. Em 2017, lançou *Arte brasileira para crianças*, livro de atividades e brincadeiras a partir de artistas brasileiros, escrito com Mini Kert, Priscila Lopes e Márcia Fortes.

CIP-BRASIL. CATALOGAÇÃO NA PUBLICAÇÃO
SINDICATO NACIONAL DOS EDITORES DE LIVROS, RJ

A556j

Andarilho, Jessé

Jessé Andarilho, a escrita, a cultura e o território /
Jessé Andarilho ; organização Marcus Faustini ;
comentadores Julio Ludemir, Rôssi Alves, Isabel
Diegues. - 1. ed. - Rio de Janeiro : Cobogó, 2020.

(Cabeças da periferia)

ISBN 978-65-5691-007-9

1. Andarilho, Jessé - Entrevistas. 2. Escritores brasileiros
- Entrevistas. 3. Ativistas comunitários. 4. Favelas - Rio
de Janeiro (RJ). I. Faustini, Marcus. II. Ludemir, Julio.
III. Alves, Rôssi. IV. Diegues, Isabel. V. Título. VI. Série.

20-66706   CDD: 928.69
                 CDU: 929:811.134.3(81)

Camila Donis Hartmann - Bibliotecária - CRB-7/6472

Nesta edição, foi respeitado o Acordo Ortográfico
da Língua Portuguesa de 1990, que entrou em vigor
no Brasil em 2009.

Todos os direitos em língua portuguesa reservados à
Editora de Livros Cobogó Ltda.
Rua Jardim Botânico, 635/406
Rio de Janeiro — RJ — 22470-050
www.cobogo.com.br

© Editora de Livros Cobogó, 2020

Editora-chefe
Isabel Diegues

Editora
Aïcha Barat

Gerente de produção
Melina Bial

Revisão final
Eduardo Carneiro

Projeto gráfico de
miolo e diagramação
Mari Taboada

Fotografia p. 8
Vitor Moreira

Capa
Leticia Quintilhano

Imagem de capa
Maxwell Alexandre, *Santa Cruz*,
da série *Caravelas de hoje*, 2018

Coleção Cabeças da Periferia

Cabeças da periferia: Taísa Machado, o Afrofunk e a Ciência do Rebolado

Cabeças da periferia: Jessé Andarilho, a escrita, a cultura e o território

Cabeças da periferia: Rene Silva, ativismo digital e ação comunitária

2020

1ª impressão

Este livro foi composto em Chaparral Pro.
Impresso pela Gráfica Formato 3 sobre papel offset 75g/m².